왕이 사랑한 화가, 김홍도와 떠나는 금강산 유람

정조 임금께 바친 《해산도첩》 명작 24선

왕이 사랑한 화가, 김홍도와 떠나는 금강산 유람

정조 임금께 바친 《해산도첩》 명작 24선

최열 엮음

시작하며

단원 김홍도의 《해산도첩》海山圖帖은 한국회화사의 황금 시대인 18세기를 절정으로 수놓은 최대의 걸작이다. 금강의 절경을 그림에 담아오라는 임금 정조의 명을 받아 그곳으로 떠난 때는 1788년, 단원 김홍도는 마흔 중반을 향하고 있었다. 임금의 총애를 한몸에 받던, 화가로서 절정의 기량을 뽐내던 시절이었다. 더할 것도 없이 말 그대로 천재인 단원은 스승 표암 강세황을 모시고 동갑내기 벗이자 스승의 막내아들 강빈과 선배 화원 복헌 김응환과 더불어 그해 9월 금강을 향해 떠났다. 유람을 다녀온 뒤 그는 자신이 보고 그린 것을 화첩으로 완성하여 정조에게 바쳤으니 바로 《해산도첩》이다.

그뒤로 화첩은 내내 궁궐에 비장되어오다가 1809년 정조의 아들 순조가 매제인 영명위 홍길주에게 선물로 하사했다. 또한 그뒤로 화첩은 개장하는 과정에서 10점이 빠져 60점으로 줄었지만 금강산을 포함하여 그 일대의 명승지를 담은 화첩 가운데 분량은 물론이요 그 예술적 성취에 있어서도 조선실경의 역사를 대표하는 최고 수준의 보물로 자리를 잡았다.

함께 볼 그림은 25점이다. 내금강을 그린 것이 11점, 외금강을 그린 것이 9점, 해금강을 그린 것이 4점이다. 여기에 《병진년 단원 절세보》 가운데 1점을 더했다. 내금강부터 외금강과 해금강까지 골고루 잘 보여줄 수 있는 작품을 우선 고르고, 계곡과 폭포와 못과 호수와 바다와 절집을 고루 골랐다.

단원 김홍도는 조선실경을 완성한 리얼리스트다. 그는 눈으로 본 것을 섬세하고 정교한 필선을 통해 맑고 투명한 기운을 화폭에 불어넣음으로써 다시 없을 또 하나의 세상을 탄생시켰다. 누구라도 감히 따라할 수 없는 그만의 세상이었다. 이후 조선의 화단은 그가 이룩한 화면의 구성 방식을 전형으로 삼았다. 유재 김하종, 관호 엄치욱, 청류 이의성 같은 후배 화원들은 기꺼이 그가 만든 세상을 즐겨 따랐다. 《해산도첩》으로 인하여 19세기 단원화파, 금강산화파라고 일컬어 마땅한 유파가 탄생했다.

『옛 그림으로 본 서울』과 『옛 그림으로 본 제주』에 이어 『옛 그림으로 본 조선 1-금강』, 『옛 그림으로 본 조선 2-강원』, 『옛 그림으로 본 조선 3-경기·충청·전라·경상』까지 5부작을 완결지었다. 이로써 1천여 점을 훌쩍 넘긴 조선의 실경화를 집대성한 것이다. 이를 기념하여 다섯 권의 표지 그림을 여기에 함께 실었다. 모아놓고 보니 참으로 뿌듯하다.

한낱 서생으로서 누린 이 행운의 모든 원천은 옛 그림을 그리고 남긴 이들이다. 우리 산하에 눈길을 주고 산수와 풍경을 가슴에 담아 마침내 화폭에 베풀어낸 무수히 많은 조선시대 화가들의 뜨거운 열정과 의지, 뛰어난 기량과 수고로움이 없었다면 오늘날 이러한 안복을 누릴 수 없었음은 당연하다. 또한 옛 그림 속 풍경을 우리가 온전히 누릴 수 있는 것은 또한 소장자와 소장 기관들 덕분이다. 그분들의 깊은 뜻을 기린다. 그러므로 마지막 맺음말은 이것이다.

'조선의 화가들께 존경을, 소장자들께 감사를!'

2024년 봄,
최열

김홍도 金弘道, 1745-1805

아호는 단원檀園. 경기도 안산 단원에서 태어나 스승 강세황으로부터 배운 뒤 상경하여 정조의
눈에 들어 왕의 화가로 군림하였다. 조선 오백 년 역사상 가장 뛰어난 기량을 과시한 천재로서
산수화에서 의경은 물론 실경화 분야에서 새로운 시대를 열었다. 이뿐만 아니라 초상을
제외한 인물화의 거의 모든 분야, 다시 말해 신선도·고사화·평생도·기록화·춘의도에서
전무후무한 걸작을 즐비하게 탄생시킨 최대의 거장이다.

40대 중반을 앞둔 1788년 정조의 명으로 금강산 유람을 다녀왔다. 김홍도는 승경지마다
밑그림인 초본을 그렸고 귀경한 이후 이를 바탕 삼아 작품을 완성했다. 초본은 《해동명산도》
라는 화첩으로 묶여 국립중앙박물관 소장품으로, 완성본은 《해산도첩》이라는 화첩으로 묶여
개인 소장품으로 전해오고 있다.

수록 그림 :
김홍도, 《해산도첩》, 30.4×43.7, 비단, 1788, 개인.
김홍도, 《병진년 단원절세보》, 26.7×31.6, 종이, 1796, 호암미술관.

長安寺

〈장안사〉_ 내금강 만천 구역. 금강산 중심 사찰. 많은 화가들이 사랑했던 곳. 이곳의 그림만 20점.

鳴淵

〈명연〉_ 내금강 만천 구역. 천둥, 번개 휩쓸고 지나간 자리에 들려오는 삼형제 바위의 울음소리.

〈곡운구곡〉

真珠潭

〈진주담〉_ 내금강 만폭 구역. 웅대 장쾌한 만폭팔담의 보석. 물줄기 부서져 구슬 된다 하여 진주담.

〈묘길상〉_ 내금강 백운 구역. 40미터 높이 묘길상은 지혜의 화신 문수보살의 모습.

14

〈마하연〉_ 내금강 백운 구역. 신선 세계에 자리 잡은 절집 마하연. 양지바른 언덕에 우뚝.

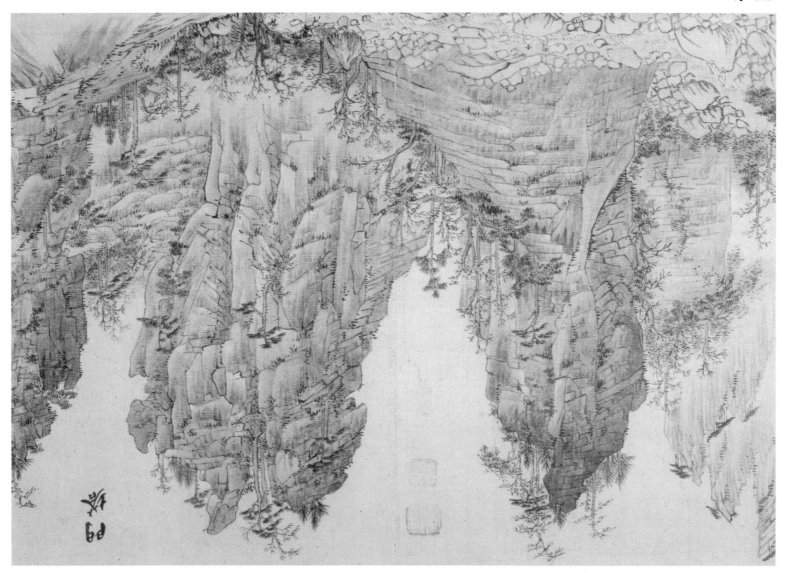

塔

〈옹천〉 바닷가에 병풍처럼 치솟은 돌벼랑이고 그 아래에 바닷물이 드나드는 옹천의 모습.

須彌塔

〈수미탑〉_ 내금강 태상 구역. 고요한 이 골짜기 돌탑들의 우두머리. 60미터 높이 수미탑.

〈비봉폭〉_ 외금강 구룡연 구역. 날개 펼친 봉황 같은 139미터 비봉폭. 계곡의 아름다움이 나 홀로 으뜸.

九龍淵

〈구룡연〉_ 외금강 구룡연 구역. 아홉 마리 용이 머무는 곳. 두려움을 자아낼 만큼의 신비로움.

〈시화〉 이 그림은 정선이 직접 산수를 그렸을 뿐만 아니라 시를 쓰고 있어, 그가 시·서·화에 두루 능했음을 알 수 있다. 미법산수의 특징을 보여준다.

圓通庵

〈원통암〉_ 외금강 송림 구역. 아름다운 소나무 숲 지키는 암자. 다른 원통암도 있으니 이곳은 외원통암.

隱仙臺
十二瀑

〈은선대 십이폭〉_ 외금강 은선대 구역. 390미터 길이, 12번 꺾여 십이폭. 제대로 보려면 은선대로!

〈옥공동〉 하단의 산을 굽어보는 시각, 능선 세부를 가는 필선으로 그림, 상단 수평축과 완상을 상하 전복함에 의해 화면이 역동적이다.

〈선담〉_ 외금강 은선대 구역. 배 모양을 닮아 그 이름 선담. 23미터 길이, 그 신기함을 감출 수 없어라.

〈총석정〉_ 해금강 총석정 구역. 세상에 둘도 없는 총석정. 화폭에 담은 세상에 다시 없을 걸작.

叢石亭

〈삼일포〉_ 해금강 삼일포 구역. 관동의 얼굴 삼일포, 단원의 손끝에서 단아하게 재탄생.

海金剛後面

〈해금강 후면〉_ 해금강 구역 일대. 기암괴석과 물거품 사이로 떠도는 배 한 척. 금할 수 없는 경탄.

〈**영랑호**〉_ 해금강 구역 남쪽 호수. 신라의 화랑들이 노닐던 영랑호. 물안개 자욱하여 더욱 신비로운.《병진년 단원절세보》

『옛 그림으로 본 서울』 표지화, 김수철(전), 〈한양전경도〉, 133.9×57.6, 종이, 19세기, 국립중앙박물관.

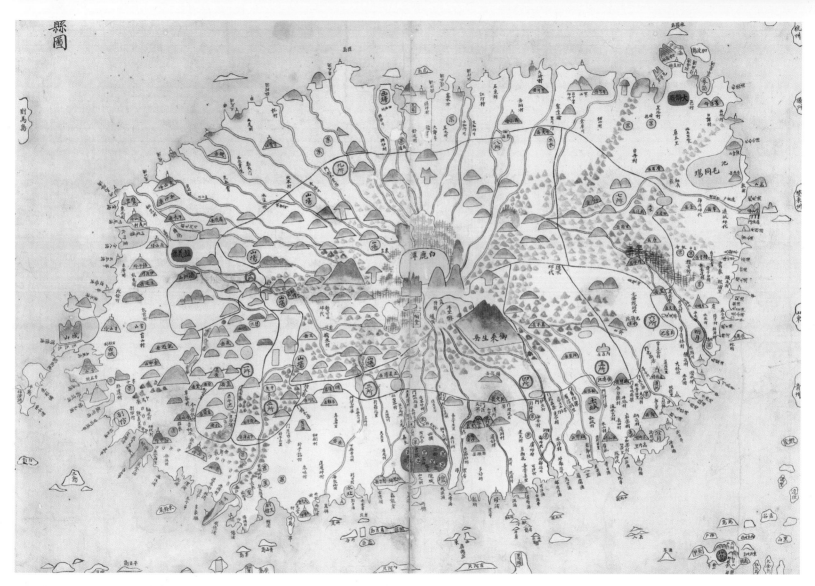

『옛 그림으로 본 제주』 표지화, 〈제주삼현오름도〉, 《해동지도》, 46.8×60.5, 종이, 1750년대, 서울대규장각.

『옛 그림으로 본 조선 1 - 금강』 표지화, 정수영, 〈집선봉 북록〉, 《해산첩》, 37.2×62, 종이, 1799, 동원 이홍근 기증, 국립중앙박물관.

『옛 그림으로 본 조선 2 - 강원』 표지화, 이의성, 〈총석정〉, 《실경산수화첩》, 32×44, 종이, 1826-1829, 개인.

『옛 그림으로 본 조선 3 – 경기·충청·전라·경상』 표지화, 김윤겸, 〈지리전면도〉, 29.6×34.7, 종이, 1770, 국립중앙박물관.

'옛 그림으로 본' 연작을 마치며

"실경의 숲에서 보낸 나의 서른 해는 이렇게 책이 되어 독자들에게로 향한다.
지난 시간 내내 내가 기뻤듯 여러분들도 앞으로의 시간 내내 이 숲에서 기쁘시길."

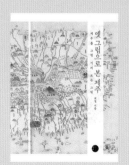

옛 그림으로 본 서울
-서울을 그린 거의 모든 그림

옛 그림으로 본 제주
-제주를 그린 거의 모든 그림

옛 그림으로 본
조선 1, 금강
-천하에 기이한, 나라 안에
　제일가는 명산

옛 그림으로 본
조선 2, 강원
-강원이여, 우리 산과 강의
　본향이여

옛 그림으로 본
조선 3, 경기·충청·전라·경상
-과연 조선은 아름다운 실경의 나라

'옛 그림으로 본' 연작을 이로써 마친다. 『옛 그림으로 본 서울』과 『옛 그림으로 본 제주』에 이어 『옛 그림으로 본 조선 1-금강』, 『옛 그림으로 본 조선 2-강원』, 『옛 그림으로 본 조선 3-경기, 충청, 전라, 경상』에 이르기까지 다섯 권을 세상에 내놓았다. 두려움이 앞선다. 이런 일이 있을 거라고 단 한 번도 상상하지 못했기 때문에 그러하다.

실경의 숲에서 서른 해를 보냈다. 우리에게는 실경이 없노라 배웠다. 어찌 그럴 수 있을까, 싶어 무작정 실경을 찾아나섰다. 참으로 오랜 세월이 흘렀다.

그 세월 동안 내가 깨우친 건 이 나라 조선은 실경의 나라요, 실경의 천국이라는 점이다. 조선에 불었던 유람 열풍이 그것을 가능케 했다. 이름난 산하를 찾아 훌쩍 떠나는 탐승 열풍이 일어난 건 18세기였다. 이에 호응해 유명한 명승지를 그린 그림을 방 안에 걸어두고 누워서 유람하는 와유臥遊가 커다란 인기를 끌었다. 화가들마다 앞을 다퉈 금강과 관동, 단양을 향해 발걸음을 재촉했다. 토대가 마련되자 빼어난 화가들이 혜성처럼 나타났다.

조선 리얼리즘의 창시자 겸재 정선과 조선 리얼리즘의 완성자 단원 김홍도는 물론이요 신실경화의 기수 진재 김윤겸과 표암 강세황부터 맑고 투명한 감각의 소유자이며 온갖 개성으로 넘치는 지우재 정수영, 학산 윤제홍, 유재 김하종, 청류 이의성을 비롯한 거장들이 길을 나섰다. 이들만이 아니었다. 각 지역에서 자신들만의 화풍을 구사한 토박이 화가들도 빠지지 않았다. 참으로 넘치듯 풍요로운 실경의 탄생이 줄을 이어나갔다. 이로써 조선은 실경의 나라, 실경의 천국이 되었다.

홀로 실경의 숲을 헤매는 동안, 이 방대한 실경의 유산을 두고도 우리에게는 없다고 했던 암흑 같던 20세기가 지나갔다. 어느 순간부터 기다렸다는 듯 숱

한 실경화가 제 모습을 차곡차곡 드러냈다. 쉼없이 이어지는 등장의 순간들을 마주할 때마다 나는 그저 하나씩 행낭에 채워넣었다. 그때마다 유능한 연구자들이 나서서 누가 어디를 왜 언제 그린 것인지를 추적하여 마침내 밝혀내곤 했다.

나는 무엇을 했는가. 한 점 그림이 나타나면 그림을 향해 나아갔다. 이제막 세상에 존재를 알린 옛 그림을 배관하는 일은 쉽지 않았다. 그때마다 인연의 끈을 찾아야 하니 그러했고, 나를 두고 주로 20세기 미술사 또는 근대미술사를 공부하는 이라고 하여 더욱 그러했다. 1990년대에 접어들면서 여러 갈래의 인연이 생겨났다. 이전보다 조금씩 가까이 다가갈 수 있는 길이 열리는 듯했다. 여기에 더해 3대 수장 기관인 간송미술관, 호암미술관, 국립박물관 등이 지니고 있던 옛 그림들을 공개하기 시작했다. 그러자 상업 화랑들에서도 손에 쥐고 있던 옛 그림들을 내놓았다. 보고 느끼고 다가설 수 있는 문들이 여기저기에서 열리는 듯했다.

나의 실경 공부는 이동주 선생의 글로부터다. 그러나 잊을 수 없는 순간이 있다. 1981년 군복무 중의 일이었다. 용인 군사령부 정훈부 서가에서 유준영의 논문 「곡운구곡도로 본 17세기 실경도 발전의 일례」가 실린 『정신문화』 제8호를 발견한 것이 첫 번째다. 감동에 벅차 있을 무렵 두 번째 일이 생겼다. 파주 임진강 넘어 백학면 전방사단으로 복귀 명령이 떨어져 며칠 동안 휴가를 얻었다. 바로 그해 10월 18일부터 일주일 동안 서울 성북구 간송미술관에서 '진경산수'전이 열렸다. 시내버스 1번 종점 성북동에서 내린 뒤 걸어들어간 미술관은 절간처럼 조용했다. 전시장은 오롯이 나 혼자만의 차지였다. 강렬한 기억이었다.

10여 년이 지난 뒤인 1992년 2월, 국립중앙박물관에서는 '겸재정선'전이, 같은 해 10월, 간송미술관에서는 '겸재 진경 산수'전이 연이어 열렸다. 외진 곳에 있던 나는 전시는 가보지 못한 채 도록만을 구해 아쉬움을 달랬다. 돌이켜보면 실경에 관해 공부를 하리라 마음먹은 것이 이때로부터다. 공부를 제대로 시작한

건 그로부터 몇 해 뒤였다. 1995년 국립중앙박물관에서 열린 '탄신250주년기념 특별전 단원 김홍도전'에서 《해산도첩》을 만났다. 이동주 선생의 「김단원이라는 화원」을 통해 들어보기만 했던 단원의 화첩을 처음으로 실견했다. 역사상 최초로 일반에게 공개된 그때, 단원 김홍도의 환생을 마주하는 듯하던 그날의 감격을 잊지 못한다.

할 수 있는 한 온갖 발품을 팔며 그림들을 보러 다녔다. 우연히 글을 쓸 수 있는 지면을 얻었다. 하나은행에서 발행하는 사보 『하나은행』에 2002년부터 그림 한 점씩을 골라 언제, 어디서, 누가, 왜 그렸는지를 소개하기 시작했다. 이후로도 글을 쓸 수 있는 지면이 여기에서 저기로 이어졌다. 그림 이야기를 쓰는 일은 즐거웠다.

나의 즐거움은 그림 이야기에 그치지 않았다. 그림의 소재이자 대상인 땅에 대한 이야기를 하는 것이야말로 글 쓰는 기쁨이었다. 그림을 보되 그림을 넘어 그림 속의 땅, 산, 강, 들의 내력을 보려 했다. 그것은 곧 거기서 살아간 사람들과 마을의 내력이었다.

실경화를 이야기할 때면 온통 그 땅과 사람의 역사에 빠져들었다. 어릴 때부터 지도를 펼쳐두고 지명을 찾는 놀이를 즐겼다. 근교의 산이며 강을 빼놓지 않고 다녔다. 중학생 때 청담 이중환의 『택리지』와의 만남은 행운이었다. 선인들이 남겨둔 고전을 통해 땅의 이치와 사람의 향기를 배웠다. 그런 모든 순간들이 씨앗이 되고 잎을 틔우고 꽃을 피우고 마침내 '옛 그림으로 본' 연작으로 열매를 맺었다고 할 수 있겠다.

처음 시작한 것이 2020년, 『옛 그림으로 본 서울』로부터였다. 구슬이 서 말이라도 꿰어야 보배라는 말을 떠올렸다. 오랜 시간 나의 행낭에 어지럽게 쌓여 있던 것들이 책이 되어 독자들을 만났다. 뜻밖에 독자들로부터 큰 호응을 받았고, 그 힘으로 이듬해 『옛 그림으로 본 제주』를 낼 수 있었고, 나선 걸음 끝에 금강과 강원을 넘어 경기·충청·전라·경상에 이르렀다. 북녘의 땅은 어떻게 할 것인가, 하는 질문이 꼬리표처럼 이어진다. 내가 아닌 다른 이의 몫으로 남겨야 하겠다. 자연에는 완성이란 존재하지 않는다. 하물며 사람의 일에 완성이란 당치 않다.

실경의 숲에서 보낸 나의 서른 해는 이렇게 책이 되어 독자들에게로 향한다. 지난 시간 내내 내가 기뻤듯 여러분들도 앞으로의 시간 내내 이 숲에서 기쁘시길.

2024년 봄,
최열

젊은 날 미술 운동에 전념한 뒤 나머지 생애를 한국미술사 연구에 몰두했다. 누구도 한국 근대미술에 제대로 된 관심을 기울이지 않았을 때 그는 직접 땅을 일구고 씨를 뿌려 연구의 터를 만들었다. 그는 개척자인 동시에 실행자였다. 1993년에는 한국근대미술사학회를, 2005년에는 인물미술사학회를 창립했다. 그는 치열하며 집요한 학자다. 수십 년에 걸쳐 펴낸 무수히 많은 저작이 그의 족적을 드러낸다. 그의 책들은 세월이 흐른 뒤에도 한국미술사에 관심 갖는 이들에게 유용한 참고문헌이다.

지난 30여 년 동안 몰두해온 한국미술 연구를 집성하여 출간한『옛 그림으로 본 서울』을 시작으로『옛 그림으로 본 제주』를 펴내 조선 실경을 통해 우리 산하를 돌아보는 방대한 여정에 나선 뒤, 독자들의 뜨거운 관심에 힘을 입어『옛 그림으로 본 조선 1-금강』,『옛 그림으로 본 조선 2-강원』,『옛 그림으로 본 조선 3- 경기·충청·전라·경상』을 함께 출간하기에 이른다.

———

그가 펴낸 책은 무수히 많으나 그 가운데 몇 권을 꼽자면『한국근대사회미술론』,『한국현대미술운동사』,『한국근대미술의 역사』,『한국현대미술의 역사』,『미술과 사회』,『화전』,『김복진:힘의 미학』,『이중섭 평전』,『미술사 입문자를 위한 대화』(공저),『추사 김정희 평전』,『이중섭, 편지화』등이 있다.

그동안 그의 저작들은 대한민국학술원, 문화예술진흥원, 문화체육관광부 등의 우수도서로 선정되었고, 한국미술 저작상, 간행물문화대상, 월간미술대상, 정현웅연구기금 등을 받았다. 가장 최근에는『옛 그림으로 본 서울』로 제4회 혜곡 최순우상을 수상했다.

최열 1956년생. 미술사학자

왕이 사랑한 화가, 김홍도와 떠나는 금강산 유람

2024년 5월 25일 초판 1쇄 발행

엮은이 최열
펴낸이 이현화
펴낸곳 혜화1117 **출판등록** 2018년 4월 5일 제2018-000042호
주소 (03068)서울시 종로구 혜화로11가길 17(명륜1가)
전화 02 733 9276 **팩스** 02 6280 9276 **전자우편** ehyehwa1117@gmail.com
블로그 blog.naver.com/hyehwa11-17 **페이스북** /ehyehwa1117
인스타그램 / hyehwa1117

ⓒ 최열

ISBN 979-11-91133-25-7 03910